Frauke Michalski

Hampel Männer

FALKEN

Von der gleichen Autorin sind bei FALKEN noch die Bände
Fensterbilder lustige Tiere (5210),
Fensterbilder kinderleicht (5223) erschienen.

Die Deutsche Bibliothek – CIP-Einheitsaufnahme

Hampelmänner / Frauke Michalski. – Niedernhausen/Ts. :
FALKEN, 1992
(Schönes Hobby : Kinder)
ISBN 3-8068-5240-5
NE: Michalski, Frauke

ISBN 3 8068 5240 5

Titelbild: Michael Zorn, Wiesbaden
Fotos: Art TEC Photo Design Studio Gerhard Burock, Wiesbaden-Naurod
Graphische Gestaltung: Elke Lodenkämper, Essen
Reinzeichnung des Vorlagebogens: Ulrike Hoffmann, Bodenheim
Hamsterillustrationen: Hartmut Dietrich, Wiesbaden

Satz: Publishing 2000, Angela Fromm, Idstein
Druck: U. E. Sebald GmbH, Nürnberg

817 2635 4453 6271

Inhalt

Materialübersicht und Grundform

Schere
Bleistift
Kohlepapier
fester Karton
4 Spreizklammern
Locher
dünne Kordel
Pritt Alleskleber
verschiedene Dekorationsmaterialien

Kennst du die immer lustig schauenden Hampelmänner? Sie freuen sich mit Auf- und Abbewegung der Arme und Beine, wenn sie es geschafft haben, daß du an ihrem Bändchen ziehst. Dieses Büchlein will dir zeigen, daß Menschen und Tiere gute Motivvorlagen für eine Hampelfigur sind.

Die zur Herstellung der Hampelmänner benötigten Grundmaterialien sind im Materialkasten aufgelistet. Viele davon hast du sicherlich schon zu Hause. Die Hampelfiguren erhalten alle einen Grundkern aus möglichst festem Karton, damit du auch mal kräftig an der Schnur ziehen kannst.
Auf dieser Grundform lassen sich dann die verschiedenen Kleidungsstücke aus Tonpapier oder -karton aufkleben. Da die Kleidung zusätzlich aufgeklebt wird, sind bei den fertigen Modellen keine Spreizklammern zu sehen. Als zusätzliche Dekorationsmaterialien kannst du Tortenpapier, buntes Geschenkpapier, Origamipapier, Goldfolie, Servietten und andere Papiersorten verwenden.
Wenn du Lust hast, kannst du die in diesem Buch vorgestellten Motive auch als Vorlage für ein Fensterbild benutzen. Viel Spaß beim Basteln.

1 Die Herstellung der Grundschablone ist denkbar einfach, denn sie besteht aus 5 Teilen, da wir je Hampelmann 2 Beine, 2 Arme und das Kopf-Rumpf-Teil benötigen.

2 Diese zunächst ausschneiden und an den markierten Stellen lochen.
Wenn du die Grundfigur nicht „anziehen" willst, stecke die Teile mit Spreizklammern zusammen. Bitte achte darauf, daß die Klammern locker in den Stanzlöchern sitzen und nicht zu fest angepreßt werden. Je lockerer die Befestigung, umso lebendiger sind die Hampelbewegungen.

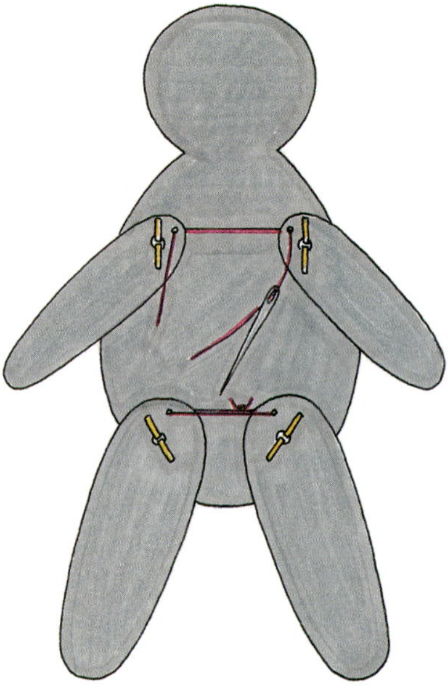

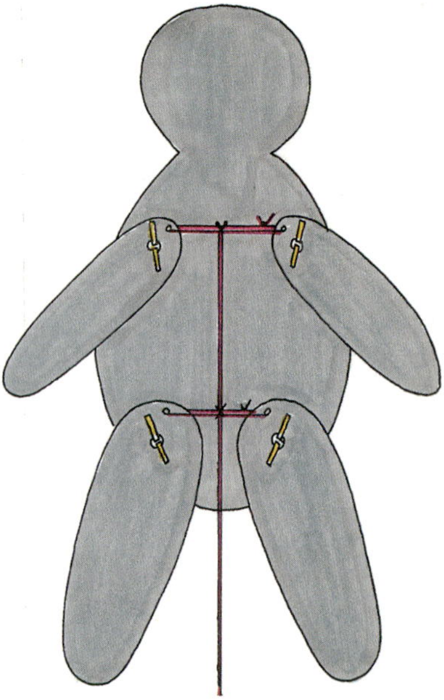

3 An den Stellen, die mit einem Punkt markiert sind, mit einer großen Nähnadel ein Loch stechen, und den Verbindungsfaden durchziehen. Die Länge des Fadens läßt sich einfach bestimmen. Er muß straff sein, wenn Arme und Beine locker herabhängen.

4 Nun verknote den Ziehfaden noch mit den Fäden, die Arme und Beine miteinander verbinden. Lasse den Ziehfaden etwa 20 cm unter der Figur herausschauen, so hast du genug Kordel, um daran zu ziehen.

5 Zusätzlich kannst du an das Fadenende noch eine kleine Holzperle knoten, es muß aber nicht sein, denn ein Mehrfachknoten tut es auch.

Clown Charly

Grundmaterialien
(siehe Seite 4)
Grundschablone 1
Glanz- oder
Geschenkpapier
Buntstift
Filzstift
Wolle
Tonpapier in
verschiedenen
Farben

Hallo, ich bin der Charly und möchte dir viel Freude bereiten. Aber bevor ich das kann, mußt du mich erst einmal aus der Grundform zusammenbauen. Lies dir die Anleitung auf Seite 4 bis 7 genau durch. Auf den nun folgenden Zeichnungen kannst du erkennen, aus welchen Einzelteilen die Kleidung besteht. Wenn du möchtest, kannst du jedes Kleidungsstück auch noch ein bißchen verändern.

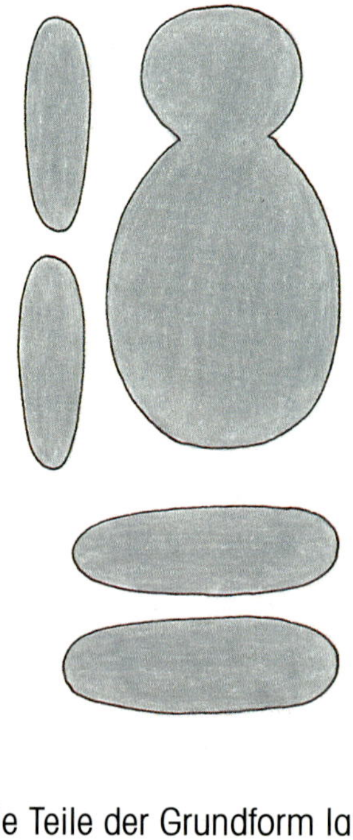

1 Die Teile der Grundform laut Beschreibung ausschneiden, aber noch nicht zusammenbauen.

2 Alle weiteren Teile für den Clown (entsprechend den Angaben auf dem Vorlagebogen) auf Tonkarton kopieren und ausschneiden.

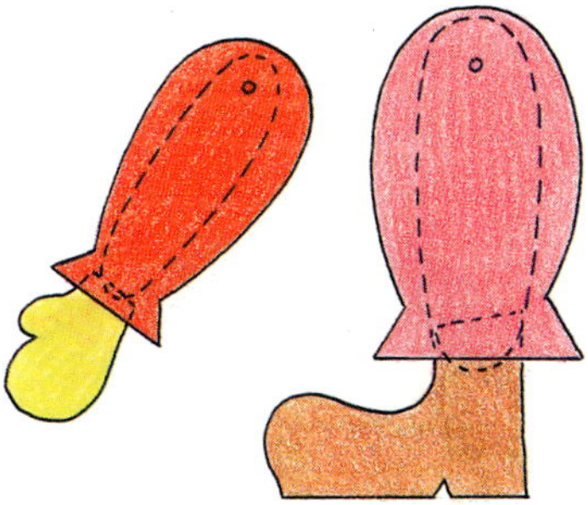

3 Die Hände an die Jackenärmel und die Schuhe an die Hosenbeine kleben. Diese Teile dann auf den entsprechenden Teilen der Grundform fixieren.

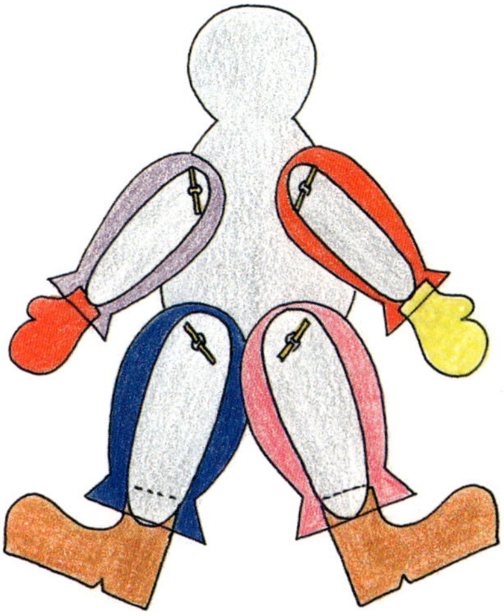

4 Nun werden Arme und Beine mit Spreizklammern an der Körpergrundform befestigt.

5 Jacke, Haare, Kopf und Gesicht zusammenkleben. Die Jacke kannst du zusätzlich noch mit buntem Geschenkpapier bekleben, dies gibt deinem Clown seine persönliche Note.

6 Die Teile auf die Grundform kleben, zusätzlich die Jacke noch mit einer Schleife aus Karton verzieren.

7 Augen und Mund mit einem Filzstift einzeichnen. Wenn du möchtest, kannst du etwas „Rouge“ auftragen und ein Herz auf die Nase kleben.

8 Hand- und Fußgelenke mit Schleifen versehen und zwei Wolltroddeln anstelle von Knöpfen auf die Jacke kleben.

9 Nun wie auf Seite 6 beschrieben die Arme und die Beine mit Band verbinden. Das Zugband nicht vergessen.

Oma und Opa

Grundmaterialien
(siehe Seite 4)
Grundschablone 1
Tonpapier in verschiedenen Farben
Strukturpapier (Oma Johanna)
Tortenpapier
Geschenkpapier
Knöpfe
Filzstift
Goldbändchen

Unsere Oma Mimi sieht sehr lieb aus – oder? Eine Oma aus dem Märchen- und Bilderbuch diente als Modellvorlage. Natürlich wissen wir, daß deine Oma ganz anders aussieht und auch andere Kleidung trägt.

1 Die Teile für die Grundform aus festem Karton ausschneiden. Wenn du Schwierigkeiten hast, den festen Karton zu schneiden, bitte doch einen Erwachsenen, dir zu helfen.

2 Omas Gesicht, Arme und Beine am besten aus zart rosa- oder cremefarbenem Tonpapier ausschneiden. Klebe die entsprechenden Teile zusammen.

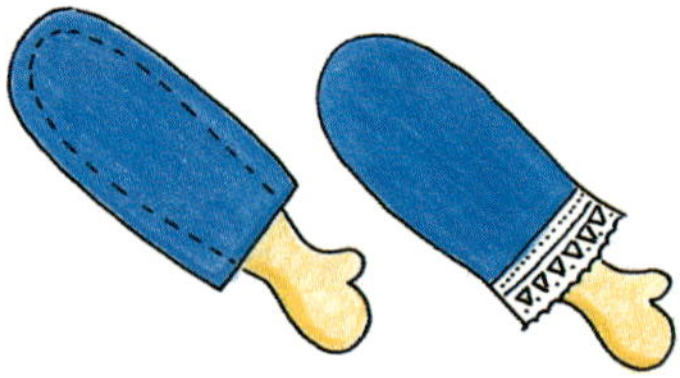

3 Alle übrigen Teile (siehe Vorlagebogen) ausschneiden und bereitlegen. Die Ärmel auf die Armteile kleben und mit einer Rüschenkante aus Tortenpapier versehen.

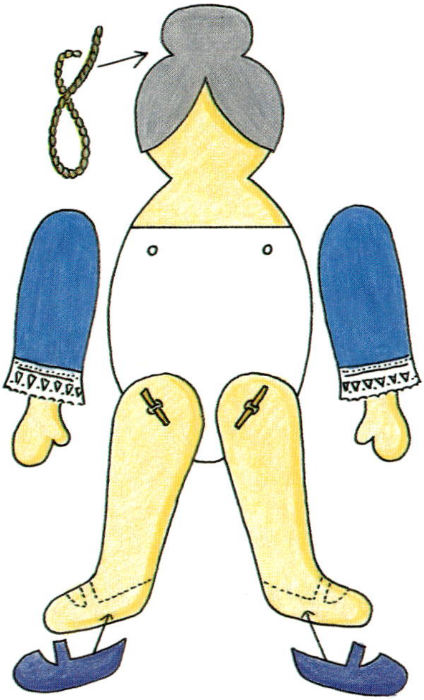

4 Die Schuhe und den Dutt auf die Grundform kleben, um die Haare ein Goldband mit Schleife binden. Nun alle Körperteile mit Spreizklammern verbinden.

5 Dekoriere noch den Kragen und den Rocksaum des Kleides mit Tortenpapier. Dann das schöne Kleid auf dem Rumpf befestigen und zwei Knöpfe aufsetzen.

6 Oh ja, du mußt Oma Mimi noch ein Gesicht malen, und die Brille solltest du auch nicht vergessen.

Das ist Oma Johanna. Sie sieht etwas jünger aus als Oma Mimi. Verwende für Oma Johanna die gleichen Vorlagen wie für Oma Mimi, nur Schürze und Lockenpracht mußt du zusätzlich ausschneiden. Oma Johanna kannst du auch ein wenig schminken. Vielleicht hast du Farbstifte, mit denen du vorsichtig ein bißchen Rouge und etwas Lippenstift aufträgst.

Er ist noch recht unternehmungslustig, unser Opa Heini. Die bunte Weste aus Origamipapier zeigt die jugendliche Einstellung des Großvaters.

1 Die Grundform aus festem Karton ausschneiden.

2 Alle weiteren Teile laut Angaben auf Tonkarton kopieren und ausschneiden. Die Hände an die Ärmel und dann jeweils auf die Armgrundform kleben. Nachdem du die Schuhe an den Hosenbeinen befestigt hast, werden diese auf die jeweilige Beingrundform geklebt.

3 Nun alle Teile zusammenheften. Danach mit dem Hemd und der Hose die Klammern verdecken.

4 Die Haare und den Knopf ankleben und das Gesicht mit Brille aufmalen.

Polizist und Feuerwehrmann

Grundmaterialien
(siehe Seite 4)
Grundschablone 1
Tonpapier in
verschiedenen Farben
Filzstift
Goldglanzpapier

Vor der Polizei brauchst du keine Angst zu haben. Die Polizisten sind freundlich und hilfsbereit.
Der Feuerwehrmann zählt ebenfalls zu den freundlichen Helfern. Er wird sich sehr freuen, wenn du ihm zu Ehren diesen Hampelmann bastelst. Der Feuerwehrmann unterscheidet sich nur in der Farbgebung und durch die Kopfbedeckung vom Polizisten. Den Helm und die Knöpfe an der Jacke haben wir aus ganz normalem Goldglanzpapier ausgeschnitten.

1 Die Grundform aus festem Karton ausschneiden.

2 Dann schneidest du alle weiteren Teile aus Tonpapier aus. Den Kopf und den Kragen kannst du schon auf die Grundform aufkleben. Den Kragen des Hemdes an den Ecken umknicken.

3 Anschließend klebst du die Jackenärmel und die Hände auf die entsprechenden Teile der Grundform. Vergiß nicht die Schuhe zu befestigen, bevor du die Hosenbeine aufklebst.

4 Mit Spreizklammern die Körperteile zusammenheften. Nun noch die Mütze, die Haare und den Schnurrbart ankleben. Mit Filzstift das Gesicht malen. Wenn du möchtest, kannst du dem Polizisten einen Stern auf die Mütze kleben.

5 Noch das Hosenteil und die Jacke aufkleben. Dann die Taschen, den Schlips und die Jackenknöpfe mit Filzstift einzeichnen.

6 Alle beweglichen Teile wieder auf der Rückseite mit Band verbinden (siehe Seite 6), und fertig ist dein persönlicher Schutzmann.

Astronaut

Will zu dem Mond
hinbrausen
und seh'n, wie die dort hausen,
erforschen, was noch
unbekannt,
und bleibe trotzdem hier an der
Wand.

Diesen Astronauten basteln sicherlich auch die Jungen gerne, die eigentlich lieber mit dem Technikbaukasten experimentieren.

1 Der Astronaut wird nach dem gleichen Schema gebaut wie der Polizist.

2 Für den tollen Raumanzug und den Helm kannst du Silberkrepp verwenden. Zusätzlich mußt du noch das Visier aus Tonpapier ausschneiden. Die Vorlagen findest du auf dem Vorlagebogen.

3 Beschrifte den Helm und klebe die Sterne auf, male noch das Gesicht – und schon beginnt das Abenteuer.

NASA

Primaballerina

1 Den Kopf, die Arme und die Beine aus cremefarbenem Tonkarton ausschneiden und auf die Grundform kleben. Befestige die Arme und die Beine mit Spreizklammern am Körper.

Für dieses zierliche Hampelpüppchen ist die Stammgrundform zu klobig, deshalb nimm die zweite Grundform. Auch sie findest du auf dem Vorlagebogen. Verwende am besten stärkeren Karton für die Grundform, damit die Ballerina lange das Bein schwingen kann. Vielleicht muß dir beim Ausschneiden der Teile ein Erwachsener helfen.

2 Das Kleid ist aus Glanzpapier, der Kragen aus Tortenpapier. Für den Rock legst du das Tortenpapier in Falten. Damit die Falten nicht wieder aufspringen, fixiere sie mit einem Tropfen Klebstoff. Klebe noch einen schmalen Streifen Spitze über die Falten.

3 Die Tanzschuhe ebenfalls aus Glanzpapier fertigen, noch die Haare ankleben und das Gesicht aufmalen.

4 Ja, die Goldschleifen an den Rattenschwänzen mußt du noch binden. Fertig ist die Ballerina Elfi.

Frosch

Grundmaterialien
(siehe Seite 4)
Grundschablone 1
Tonkarton in
verschiedenen Farben
Filzstift

Nicht nur Männer und Frauen eignen sich als Vorlage für eine Hampelfigur. Vor allem Tiere lassen sich sehr leicht in eine solche umwandeln – so wie dieser Frosch.

Ich mache nicht nur quak,
ich strample mich auch ab,
Freude bringen ist mein Motto,
so grüßt dich Fröschlein Otto.

1 Den Rumpf mit dem Kopf, die Beine und Arme als Grundform ausschneiden. Dann die Teile aus Tonkarton zuschneiden, auf die Grundform kleben.

2 Den Schwimmring, die Schleife und den hellen Bauch ebenfalls aus Tonkarton schneiden. Zwei kleine weiße Kreise für die Augen ausschneiden und auf diese schwarze Punkte aufmalen oder aufrubbeln. Anschließend noch das Gesicht malen und alle Teile mit Spreizklammern verbinden. Die Bänder auf der Rückseite anknoten.

Marienkäfer

1 Die Körpergrundform aus festem Karton ausschneiden. Alle anderen Teile wie den Körper mit Fühlern, die 6 Beine, die 2 Flügel und die Punkte aus Tonpapier schneiden.

Dichte doch einmal einen Reim für dein neues Hampeltier. Diesen Reim kannst du dann sprechen, wenn du deinen Freunden zum Beispiel den Marienkäfer vorführst.

Sum, sum, sum,
ich fliege nicht nur rum,
an der Wand ich für dich laufe,
wenn du ziehst an meiner
Schlaufe.

2 Jeweils die entsprechenden Körperformen zusammenkleben, die Beine mit Spreizklammern an der Grundform befestigen. Die Flügel mit Punkten verzieren und entlang der Ansatzlinie ankleben.

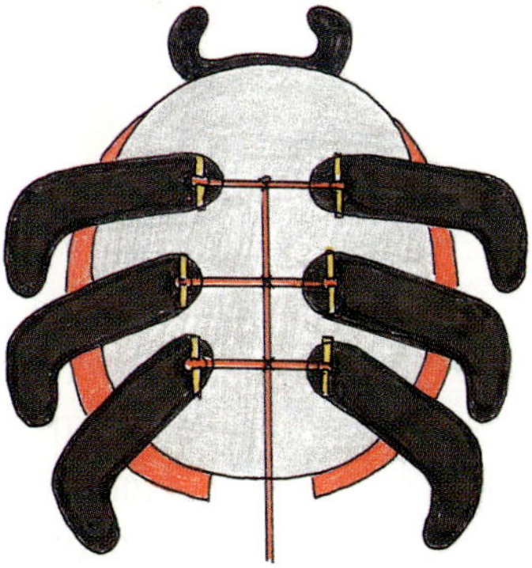

3 Auf der Zeichnung siehst du, wie du die Beine auf der Rückseite mit den Bändern verbinden und den Zugfaden anknoten mußt.

Teddy Brumm und Teddy Line

**Teddy Brumm und Teddy Line
sind süßer als 'ne Honigbiene,
plüschig, flauschig und auch
mollig,
beide Bärchen sind recht
drollig.**

1 Die Teddygrundschablone ausschneiden. Alle Teile nochmals aus Plüschpapier (Vivelle) zuschneiden.

2 Die Teile der Grundschablone lochen. Arme und Beine mit Spreizklammern am Rumpf befestigen. Anschließend die Teile mit Plüschpapier bekleben.

3 Den Bauch, die Schleife, die Innenohren und die Pfoten ebenfalls ausschneiden und aufkleben. Line bekommt zusätzlich noch einen Faltenrock und eine Haarschleife aus Tüll.

4 Die Augen und die Schnauze aus Papier ausschneiden und aufkleben, die Pupillen und den Schmunzelmund einzeichnen. Abschließend verbinde auf der Rückseite die Teile mit Bändern, knote das Ziehband an, und fertig ist der Hampelbär.

SCHÖNES HOBBY für Kinder

ISBN: 3-8068-**5243**-X

ISBN: 3-8068-**5239**-1

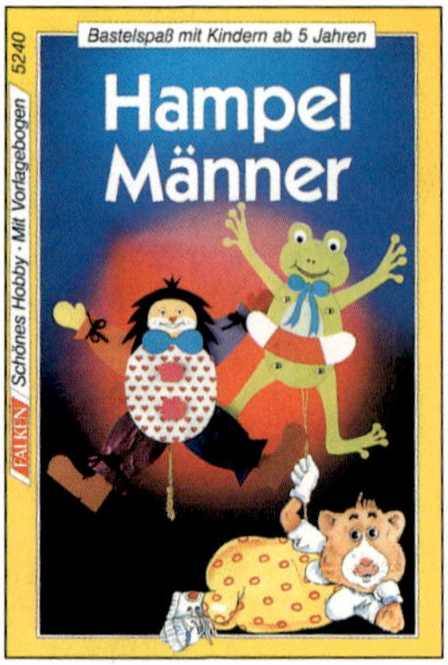

ISBN: 3-8068-**5240**-5

ISBN: 3-8068-**5241**-3

ISBN: 3-8068-**5242**-1

FALKEN